# Campingküche
## Kochen auf kleinstem Raum

G. Poggenpohl

# Campingküche

## Kochen auf kleinstem Raum

EDITION XXL

# Inhalt

Vorwort — 9

Ratgeber — 10

Suppen — 12

Salate — 16

Fleisch — 22

Fisch — 60

Vegetarisch — 72

Süßspeisen — 80

# Vorwort

Auf Reisen zu gehen ist immer etwas Besonderes! Gerade, wenn Sie andere Gegenden und Länder besuchen, sind Sie Neuem gegenüber aufgeschlossen. Sie haben Zeit und Muße, sich alles anzusehen, in einem Cafe zu sitzen, Leute zu beobachten, aber auch in aller Ruhe einzukaufen und zu kochen. Waren Sie schon einmal in den großen tollen Supermärkten Frankreichs und Spaniens oder auf den Wochenmärkten in Italien und Deutschland?

Auch findet man immer wieder Bauern und Händler, die ihre frisch geerntete Ware am Straßenrand anbieten. Das Schöne ist, dass Sie Zeit haben anzuhalten, zu schauen, zu probieren und zu kaufen. Dieses Buch hilft Ihnen, Ihren Essalltag zu verlassen, etwas Neues zu kochen mit den frischen Waren, die Sie überall kaufen können.

Genießen Sie die Urlaubszeit auch mal kulinarisch. Ich habe in diesem Kochbuch berücksichtigt, dass Sie nur zwei Kochstellen zur Verfügung haben und das Nachkochen der Rezepte nicht Ihre ganze Zeit in Anspruch nimmt.

*Ihr G. Poggenpohl*

# Ratgeber

### „Der Weg ist das Ziel" sagt ein Sprichwort!

Genau auf diesem Weg ist man ja, wenn man unterwegs ist. Nutzen Sie die Gelegenheiten, gute frische Ware einzukaufen, interessante Geschäfte zu entdecken oder auch kleine Wochenmärkte in versteckten Orten abseits der großen Straßen sowie Fischerhäfen, wo Sie den frischen Fisch direkt vom Boot kaufen können. Auf Bauernhöfen oder an Bauernständen, die Sie an der Straße finden, bekommen Sie immer frisches und schmackhaftes Obst und Gemüse. Kaufen Sie nur so viel, wie Sie für Ihr Essen brauchen, morgen finden Sie wieder etwas frisches Leckeres. Überhaupt denke ich, dass man den Vorrat nie so groß werden lassen sollte. Einfach von einem Tag auf den anderen leben ist die Devise beim Camping und auf Reisen.

### Andere Länder, andere Sitten!

In den Mittelmeerländern kommt es häufig vor, dass Sie frischen Fisch kaufen, der nicht ausgenommen bzw. nicht geschuppt ist. Auf den Märkten im Süden ist es üblich, dass Sie Wurst, Käse, Früchte oder Oliven vor dem Kauf probieren. Wenn die Ware nicht Ihren Geschmack trifft, dann sagen oder deuten Sie es. Kein Mensch wird Ihnen deswegen böse sein!

### Küchengeräte

Die Auswahl an Geräten im Wohnmobil oder Wohnwagen sollte mit Bedacht getroffen werden. Bei mir haben sich ein kleiner Wok mit Deckel und zwei Töpfe bestens bewährt. Ein Schneebesen, zwei Kochlöffel, ein größeres Gemüsemesser, zwei kleine Messer, ein Brotmesser und ein Schneidbrett mit Rinne sollten auch zur Grundausstattung gehören. Ebenso ein Sieb zum Abschütten von Nudeln oder Reis

# Ratgeber

usw., zwei Schüsseln für Salat oder Kompott. Hilfreich ist auch ein Gemüsehobel mit verschiedenen Einsätzen. Sie können damit Gemüse, aber auch Käse hobeln.

## Kräuter und Gewürze

Die richtige Würze einer Speise entsteht erst durch frische Kräuter. Gerade im Süden wachsen sie oft wild und sind mit ihrem Aroma mit denen bei uns nicht zu vergleichen. Frische Kräuter werden auch immer auf den Märkten angeboten.
Eine Pfeffermühle sollte ebenfalls nicht fehlen, sowie Curry, Paprika und Macis (= Muskatblüte, deren Geschmack feiner und milder ist als der einer Muskatnuss und Sie brauchen dafür keine Reibe).

## Kochen auf kleinstem Raum!

Das Kochen im Wohnmobil oder Wohnwagen ist nicht immer einfach. Die Rezepte in diesem Buch sind so ausgelegt, dass Sie mit zwei Kochstellen auskommen. Sehr sinnvoll ist auch ein Gasanschluss draußen am Wagen und ein separater Kocher. Fisch würde ich überhaupt nicht im Wagen braten!

# Suppen

## Zutaten:

2 Tomaten, 2 Schalotten
1 Zucchini, 2 Knoblauchzehen
2 EL Olivenöl, 400 g Fischfilet
200 g Muscheln
250 ml trockener Weißwein
750 ml Brühe, Saft einer Zitrone
1 Zweig Thymian
1 TL Paprikapulver
1 TL Curry, Salz, Pfeffer

## Zubereitung:

**1.** Die Tomaten waschen und grob schneiden. Die Schalotten und den Knoblauch schälen und fein würfeln. Die Zucchini waschen und in Scheiben schneiden.

**2.** Den Thymian waschen, trockenschütteln, die Blätter abzupfen und hacken. Die Fischfilets waschen, mit Zitronensaft beträufeln, in mundgerechte Stücke schneiden und ca. 15 Minuten ziehen lassen.

**3.** In einem Topf das Öl erhitzen und die Schalotten- und Knoblauchwürfel darin glasig dünsten, mit dem Weißwein und der Brühe aufgießen. Die Hälfte der Tomatenstücke, den Thymian und die Zucchini in den Topf geben, mit Salz, Pfeffer, Paprika und Curry würzen.

**4.** Die Suppe zum Kochen bringen und ca. 4 Minuten kochen lassen. Die Muscheln dazugeben und 5 Minuten garen.

**5.** Die Fischstücke und die restlichen Tomaten in die Suppe geben und ca. 5 Minuten ziehen lassen. Mit Salz und Pfeffer abschmecken und servieren.

---

*Nach einem Besuch der Le Moulin de Daude, einer alten Mühle oberhalb des Ortes Fontvielle bei Arles, der Dichter Daudet mit einem Liebesroman zu Ruhm verholfen hat, fand ich in Fontvielle unterhalb der Mühle ein kleines Gasthaus etwas versteckt in einer Seitenstraße, in dem ich eine sehr leckere Fischsuppe zu essen bekam.*

*Nachdem ich mit dem Besitzer des Gasthauses zwei Gläser Rotwein getrunken hatte und nach viel Gerede um Gott und die Welt bekam ich von ihm das Rezept.*

---

# Bouillabaisse
## (Französische Fischsuppe)

# Suppen

## Zutaten:

100 g grüne Bohnen
1 Zucchini, 2 Kartoffeln
1 Paprikaschote
1/2 kleiner Blumenkohl
2 Karotten, 1 Stange Lauch
1 Gemüsezwiebel
1 Chilischote, 4 Tomaten
2 Knoblauchzehen
1 Zweig Rosmarin
2 Zweige Majoran
1 l Gemüsebrühe
1/2 Bund Petersilie
2 EL Olivenöl, Rosenpaprika
2 EL Essig, 100 g Nudeln
Salz, Pfeffer
Parmesankäse zum Bestreuen

## Zubereitung:

**1.** Das Gemüse putzen, waschen und schälen. Die Zucchini in Scheiben schneiden, die Kartoffeln würfeln. Die Paprikaschote halbieren, die Kerne entfernen und das Fruchtfleisch in Würfel schneiden. Die Blumenkohlröschen vom Strunk abtrennen. Die Karotten schälen und klein schneiden. Den Lauch in ca. 1/2 cm dicke Ringe schneiden.

**2.** Die Zwiebel und den Knoblauch schälen und klein hacken. Die Chili der Länge nach halbieren, die Kerne herauskratzen und die Chili ganz fein schneiden. Die Tomaten waschen und in kleine Stücke schneiden.

**3.** In einem Topf etwas Olivenöl erhitzen und die Zwiebel, den Knoblauch und die Chili darin anbraten.

**4.** Das Gemüse nach und nach zugeben, gut durchrühren und dabei etwas andünsten. Anschließend mit der Gemüsebrühe aufgießen und mit Salz, Pfeffer und Paprika würzen. Den Rosmarin- und die Majoranzweige zugeben und ca. 20 Minuten kochen lassen. Nach 10 Minuten die Nudeln dazugeben.

**5.** Die Petersilie waschen, trockenschütteln, die Blätter abzupfen und klein hacken. Die klein geschnittenen Tomaten in die Suppe geben, mit dem Essig die Suppe abrunden und mit Salz, Pfeffer und Paprika nachwürzen. Mit der gehackten Petersilie und mit dem geriebenen Parmesan bestreut servieren.

---

*Italien, das Land der Nudeln und Suppen! Schon der Einkauf der Zutaten ist ein Genuss. Diese Suppe schmeckt am besten, wenn Sie frisches Gemüse dazu verarbeiten. Wichtig ist, dass Sie duftende, reife Tomaten verwenden. Auch der Parmesankäse, den Sie darüber streuen, hat eine entscheidende Bedeutung für den Geschmack der Suppe, er sollte immer frisch sein.*

# Salate

## Zutaten:

200 g Nudeln
200 g geräucherte Speckwurst
1 kleine Dose Mais
1 kleine Dose Erbsen
und Möhren
4 EL Majonäse
1 EL Senf
2 EL Essig
Salz
Pfeffer

## Zubereitung:

**1.** Die Nudeln in Salzwasser bissfest kochen. Durch ein Sieb abschütten und in eine Schüssel geben.

**2.** Die Speckwurst in Streifen schneiden und zu den Nudeln geben. Den Mais, die Erbsen und die Möhren in ein Sieb abschütten, ebenfalls in die Schüssel geben.

**3.** Aus der Majonäse, dem Senf, dem Essig, Salz und Pfeffer eine Salatsoße herstellen und mit den anderen Zutaten vermischen.

---

*Diesen Nudelsalat kann man mit den verschiedensten Wurstsorten herstellen. Gerade in Deutschland und Österreich bekommt man eine solche Wurstvielfalt, dass Sie unbedingt die regionalen Wurstspezialitäten für den Salat verwenden sollten.*

*Ob Sie nun einen bayerischen Leberkäse, eine thüringer Rotwurst, einen österreichischen Käskrainer oder westfälische Fleischwurst verwenden – der Salat schmeckt immer.*

---

# Bunter Nudelsalat

# Salate

## Zutaten:

500 g Kartoffeln
1 Gurke
1 Zwiebel
1 Bund Schnittlauch
4 EL Öl, 2 EL Essig
1 EL Senf
Salz, Pfeffer

## Zubereitung:

**1.** Die Kartoffeln waschen, in reichlich Wasser kochen. Wenn die Kartoffeln gar sind, abpellen und in Scheiben schneiden.

**2.** Die Gurke waschen und in Stifte schneiden. Die Zwiebel schälen und fein hacken. Den Schnittlauch abbrausen, trockenschütteln und in Ringe schneiden.

**3.** Aus dem Öl, dem Essig, dem Senf, dem Salz und dem Pfeffer eine Salatsoße herstellen. Alle Zutaten in eine Schüssel geben, mit der Salatsoße vermischen und durchziehen lassen.

---

*Dieser Kartoffelsalat schmeckt zu vielen Gerichten, z. B. zu hart gekochten Eiern, gegrilltem Fleisch oder Bratwurst.*

*Der Geschmack des Salates hängt sehr von den verwendeten Kartoffeln ab. Die geschmacklich besten Kartoffeln bekommen Sie in den Gegenden mit sandigen Böden. Beim Kauf von Kartoffeln sollten Sie die kleinen Bauernstände bevorzugen, denn dort erhalten Sie gute Qualität.*

---

# Salate

## Zutaten:

200 g Feta- oder Ziegenkäse
1 Gurke
4 Tomaten
1 Kopf Blattsalat
50 g Oliven
1 Zwiebel
1 Bund Petersilie
3 EL Olivenöl
2 EL Essig
Zucker, Salz, Pfeffer
1 kleines Baguette
2 Knoblauchzehen
2 EL Butter

## Zubereitung:

**1.** Die Gurke, die Tomaten und den Salat waschen und in mundgerechte Stücke zerteilen. Alle Salatzutaten in eine Schüssel geben. Die Zwiebel und die Knoblauchzehen schälen. Die Zwiebel in feine Würfel und den Knoblauch in Scheiben schneiden.

**2.** Die Petersilie abbrausen, ausschütteln, die Blätter von den Stielen zupfen und fein hacken. Den Käse mundgerecht portionieren.

**3.** Aus dem Essig, dem Öl, der Petersilie, der Zwiebel, Zucker, Salz und Pfeffer eine Salatsoße herstellen.

**4.** Das Brot in Scheiben schneiden, die Butter in einer Pfanne schmelzen und das Brot mit den Knoblauchscheiben darin anrösten.

**5.** Die Salatsoße mit dem Salat vermischen, den Käse darauf setzen und mit dem Brot servieren.

---

*An heißen Sommertagen ist dieser Salat mit frischem Weißbrot, Knoblauch und Weißwein serviert genau das Richtige.*

*Viele Vitamine und würziger Ziegenkäse geben Ihnen Gesundheit und Genuss. Im Übrigen bekommt man in Griechenland das beste Olivenöl in Europa.*

---

Griechischer Salat mit Knoblauchbrot

# Fleisch

## Zutaten:

2 Schweineschnitzel
2 EL Mehl, 2 EL Öl
4 Paprikaschoten
Salz, Pfeffer

## Zubereitung:

**1.** Die Schweineschnitzel in dünne Streifen schneiden, mit Salz und Pfeffer würzen und mit dem Mehl bestäuben.

**2.** Die Paprikaschoten waschen, halbieren, das Kerngehäuse entfernen und das Fruchtfleisch in Streifen schneiden.

**3.** Das Öl in einer Pfanne erhitzen, das Schweinefleisch darin braten, bis es knusprig braun ist. Das Fleisch aus der Pfanne nehmen und auf einen Teller geben, einen zweiten Teller zum Warmhalten darüber legen.

**4.** Die Paprikastreifen in die Pfanne geben und ca. 5 Minuten braten, mit Salz und Pfeffer abschmecken. Auf Tellern anrichten und das Schweinegeschnetzelte darüber geben.

---

*An der Straße von Graz nach Stuhlweißenburg in Ungarn hatte eine ältere Bäuerin einen kleinen Gemüsestand aufgebaut, an dem ich anhielt und frisch gepflückte Paprikaschoten kaufte.*

*Frischen Paprika erkennt man daran, dass die Stiele und die Bruchstelle noch nicht angetrocknet sind. Je frischer der Paprika, desto mehr Vitamin C ist in ihm enthalten.*

---

# Schweinegeschnetzeltes auf Paprikagemüse

# Fleisch

## Zutaten:

2 Hähnchenbrustfilets
4 dicke Scheiben Schinken
4 Schalotten
300 g Pfifferlinge
2 Frühlingszwiebeln
1 EL Butter
Salz
Pfeffer

## Zubereitung:

**1.** Die Hähnchenbrustfilets abwaschen und trockentupfen. Mit einem scharfen Messer in Würfel schneiden, mit Salz und Pfeffer würzen.

**2.** Den Schinken in Stücke schneiden. Die Schalotten schälen und vierteln. Die Fleischstücke abwechselnd mit dem Schinken und den Schalotten auf Spieße stecken.

**3.** Die Spieße auf dem Grill oder in einer Pfanne von allen Seiten braten.

**4.** Die Pfifferlinge und die Frühlingszwiebeln putzen und in Stücke schneiden. Butter in einer Pfanne schmelzen und die Pfifferlinge mit den Frühlingszwiebeln darin braten. Mit Salz und Pfeffer abschmecken.

*Als wir auf dem Weg zur Ostsee waren, wurden auf einem Markt in Eberswalde frische Pfifferlinge aus Polen angeboten zu einem Preis, dass sich Selbersammeln nicht lohnt.*

*Ein toller Genuss, den Sie sich auf keinen Fall entgehen lassen sollten, wenn Sie einen Verkaufsstand mit frischen Pfifferlingen sehen.*

# Fleischspieße auf Pilzen

# Fleisch

## Zutaten:

2 Hähnchenfilets
2 EL Olivenöl
1 Kugel Mozzarella
6 Tomaten
4 Frühlingszwiebeln
50 g Oliven
Salz, Pfeffer

## Zubereitung:

**1.** Die Hähnchenfilets abbrausen, trockentupfen, mit Salz und Pfeffer würzen.

**2.** Die Tomaten waschen und achteln. Die Frühlingszwiebeln putzen und in Stücke schneiden. Den Mozzarella in Scheiben schneiden.

**3.** Das Öl in einer Pfanne erhitzen und das Hähnchenfleisch von beiden Seiten 3 Minuten braten, aus der Pfanne nehmen und beiseite stellen.

**4.** Die Tomaten, die Oliven und die Frühlingszwiebeln in der gleichen Pfanne braten, mit Salz und Pfeffer würzen. Das Fleisch wieder in die Pfanne geben, die Mozzarellascheiben darauf setzen, bei geschlossenem Deckel ca. 6 Minuten garen, bis der Mozzarella geschmolzen ist.

---

*Auf dem Markt in Obitelo (Italien) entdeckte ich einen hervorragenden, selbst gemachten Mozzarellakäse. Nach einer ausgiebigen Geschmacksprobe kaufte ich ein großes Stück.*

*Beim weiteren Bummel waren dann auch bald duftende, frische Tomaten gefunden.*

---

# Hähnchenschnitzel auf Tomatengemüse

# Fleisch

## Zutaten:

250 g Hackfleisch
3 Scheiben Weißbrot vom Vortag
2 Knoblauchzehen
2 Zwiebeln
1 Dose Tomatenstücke
4 Tomaten
1/2 Bund gemischte Kräuter
Salz
Pfeffer
2 EL Öl

## Zubereitung:

**1.** Die Zwiebeln und die Knoblauchzehen schälen und fein hacken. Die Tomaten waschen und in kleine Würfel schneiden.

**2.** Die Kräuter abbrausen, trockenschütteln, die Blätter von den Stielen zupfen und fein schneiden. Das Weißbrot in warmem Wasser einweichen und ausdrücken.

**3.** Das Hackfleisch in eine Schüssel geben, mit dem ausgedrückten Weißbrot, der Hälfte der Zwiebeln und der Hälfte des Knoblauchs vermischen, mit Salz und Pfeffer würzen. Aus der Hackfleischmasse kleine Bällchen formen und in heißem Öl von allen Seiten ca. 10 Minuten braten. Die Fleischbällchen warm stellen.

**4.** Die restlichen Zwiebel- und Knoblauchwürfel im selben Öl andünsten, die Tomatenstücke aus der Dose mit den gewürfelten Tomaten und den Kräutern hinzufügen, mit Salz und Pfeffer würzen. Die Fleischbällchen in die Tomatensoße legen, nochmals erwärmen und servieren.

---

*Als ich in der Nähe von Monte Cassino einen geeigneten Platz mit meinem Wohnmobil zum Kochen suchte, kam ich mit einer Bauernfamilie in Kontakt, die mich im Laufe des Gespräches zu sich zum Essen einlud.*

*Mit zwei Flaschen Rotwein als Gastgeschenk erlebte ich einen tollen, unterhaltsamen Nachmittag mit einem typisch italienischen Mittagessen.*

---

# Fleischbällchen in Tomatensoße

# Fleisch

## Zutaten:

2 Schweineschnitzel
150 g Serranoschinken
500 g frischer Blattspinat
2 Knoblauchzehen
2 EL Öl
Macis
Salz
Pfeffer

## Zubereitung:

**1.** Den Blattspinat waschen und verlesen. Die Knoblauchzehen schälen und in Streifen schneiden. Die Schweineschnitzel mit Salz und Pfeffer würzen, mit dem Serranoschinken umwickeln.

**2.** Das Öl in einer Pfanne erhitzen und die umwickelten Schnitzel darin von beiden Seiten ca. 5 Minuten braten, aus der Pfanne nehmen und warm stellen.

**3.** Die Knoblauchzehen in derselben Pfanne andünsten, den Blattspinat dazugeben, umrühren, bis der Blattspinat zusammenfällt, mit Macis, Salz und Pfeffer würzen. Den Blattspinat auf Tellern anrichten und mit den Schnitzeln servieren.

*Jamón Serrano – eine Schinkenspezialität aus Spanien. Der Serrano ist ein luftgetrockneter, mit Meersalz gepökelter Schinken, der seinen Ursprung in Andalusien hat. Dort bekommen Sie auch den besten Schinken.*

*Das Rezept fand ich auf einer Speisekarte einer Bodega bei Almería. Die umwickelten Schnitzel auf dem kräftig gewürzten Spinat waren ein Gedicht.*

# Fleisch

## Zutaten:

8 Lammkoteletts
2 Rosmarinzweige
2 EL Olivenöl
1 Gurke
4 Knoblauchzehen
250 g Jogurt
Salz, Pfeffer

## Zubereitung:

**1.** Die Gurke waschen und in feine Stifte hobeln. Die Knoblauchzehen schälen und fein hacken. Die Gurke und den Knoblauch mit dem Jogurt vermischen, mit Salz und Pfeffer würzen. Das Zaziki eine Viertelstunde durchziehen lassen.

**2.** Die Lammkoteletts mit Salz und Pfeffer würzen. Das Olivenöl in einer Pfanne erhitzen und das Fleisch mit den Rosmarinzweigen darin von beiden Seiten ca. 4 Minuten braten.

**3.** Die Lammkoteletts mit dem Zaziki servieren.

---

*Griechenland – ein fantastisches Land, um Camping zu machen. Einsame Buchten, freundliche Menschen, leckeres, einfaches Essen. Leider, so finde ich, ist der Zaziki bei uns inzwischen sehr an den deutschen Geschmack angepasst.*

*Hier ein Rezept, das sich an die griechische Tradition hält. Sie sollten den Zaziki unbedingt mit Schafs- oder Ziegenjogurt zubereiten.*

---

# Lammkoteletts mit Zaziki

# Fleisch

## Zutaten:

1/8 l Olivenöl
2 Knoblauchzehen
2 Zweige Thymian
2 Zweige Rosmarin
2 Zweige Oregano
2 TL Paprikapulver
2 EL Honig
1 TL Curry, 2 EL Senf
Salz, Pfeffer
400 g Fleisch zum Marinieren

## Zubereitung:

**1.** Die Knoblauchzehen schälen und fein hacken. Die Kräuter abbrausen, trockenschütteln, die Blätter bzw. Nadeln von den Stielen zupfen und fein schneiden.

**2.** Das Olivenöl mit dem Knoblauch, den Kräutern, dem Paprika, dem Honig, dem Curry und dem Senf vermischen. Mit Salz und Pfeffer abschmecken. Wer es schärfer mag, fügt der Marinade noch eine fein geschnittene Chilischote oder 1/2 TL Cayennepfeffer hinzu.

**3.** Den Boden einer Schüssel mit etwas Marinade bedecken. Einen Teil des Fleisches in die Schüssel geben, wiederum mit Marinade bestreichen, schichtweise fortfahren, bis das gesamte Fleisch sowie die Marinade aufgebraucht sind.

**4.** Zugedeckt (nicht im Kühlschrank!) ca. 2 Stunden ziehen lassen. Danach kann nach Herzenslust gebraten oder gegrillt werden.

---

*Die beim Metzger oder im Supermarkt angebotenen marinierten Fleischstücke sind nicht immer jedermanns Sache.*

*Wenn Sie diesen Einheits-Geschmack nicht mögen, empfehle ich Ihnen, das Fleisch nach dem oben beschriebenen Rezept doch selber zu marinieren. Zum Marinieren eignen sich Schaf-, Schweine- oder Rindfleisch, aber auch Geflügel.*

# Marinierte Fleischstücke

# Fleisch

## Zutaten:

500 g Rindsgulasch
2 Zwiebeln
2 Knoblauchzehen
2 EL Tomatenmark
1 EL Paprikapulver
500 ml Brühe
2 EL Öl
250 g Schalotten
100 ml Rotwein
3 EL Balsamicoessig
100 g Champignons
1 Bund Kräuter der Provençe
(Oregano, Thymian, Rosmarin)
1 EL Butter, Salz, Pfeffer

## Zubereitung:

**1.** Die Zwiebeln und die Knoblauchzehen schälen und fein hacken. Das Öl in einer Pfanne erhitzen, die Zwiebel- und die Knoblauchwürfel darin andünsten. Das Fleisch dazugeben und anbraten. Das Tomatenmark einrühren, mit dem Paprikapulver bestreuen, kurz anrösten und mit der Brühe aufgießen. Die Temperatur reduzieren und ca. 1 Stunde schmoren lassen.

**2.** Inzwischen die Schalotten schälen und halbieren. Die Champignons putzen und in Scheiben schneiden. Die Butter in einer Pfanne schmelzen, die Schalotten und die Champignons darin andünsten. Mit Rotwein und Balsamicoessig aufgießen, die Flüssigkeit reduzieren.

**3.** Die Kräuter abbrausen, trockenschütteln, die Blätter von den Stielen zupfen und klein schneiden. Die Rotweinschalotten sowie die Rotweinchampignons mit den Kräutern unter das Gulasch rühren, mit Salz und Pfeffer abschmecken. Auf Tellern anrichten und servieren.

---

*Bei einem Besuch des Schlosses von Picasso in Vauvenargues, in dessen Schlossgarten auch seine letzte Ruhestätte ist, trafen wir Monsieur Barjois, den Besitzer eines Lokals, das oberhalb des Schlosses liegt. Geschäftstüchtig wie die meisten Gastwirte in der Provence, empfahl er uns sein Lokal aufs Wärmste.*

*Er erzählte uns, dass er frisches Gulasch gekocht hätte und wir sollten es unbedingt probieren. Dieses Gulasch mit frischem Baguette und Rotwein serviert – einfach köstlich!*

---

# Gulasch à la Provençe

# Fleisch

## Zutaten:

300 g Schweinefleisch
1 Zwiebel
2 Knoblauchzehen
2 Karotten
2 EL Öl
1/2 Bund Frühlingszwiebeln
1 kleine Dose weiße Bohnen
250 ml Brühe
Salz, Pfeffer

## Zubereitung:

**1.** Das Fleisch in ca. drei cm große Würfel schneiden. Die Zwiebel und die Knoblauchzehen schälen und fein hacken. Die Karotten schälen und in Stifte schneiden. Die Frühlingszwiebeln putzen und in zwei cm lange Stücke teilen. Die Bohnen durch ein Sieb schütten und abtropfen lassen.

**2.** Das Öl in einem Topf erhitzen, die Zwiebel und die Knoblauchzehen darin andünsten. Das Fleisch dazugeben und ca. fünf Minuten braten.

**3.** Die Karotten unter das Fleisch rühren und ebenfalls anbraten. Mit der Brühe aufgießen und ca. 30 Minuten bei mittlerer Temperatur köcheln lassen.

**4.** Die Frühlingszwiebeln und die Bohnen zum Fleisch geben, kurz aufkochen, mit Salz und Pfeffer abschmecken.

---

*Dieses deftige Gericht ist im Norden Deutschlands weit verbreitet, man findet es auf vielen Speisekarten gutbürgerlicher Lokale.*

*Es ist aber auch selbst sehr einfach zuzubereiten und schmeckt mit dunklem Brot und einem Bier besonders gut.*

---

# Fleisch

## Zutaten:

4 Spitzpaprikaschoten
200 g Hackfleisch
8 Estragonzweige
50 g Butter
4 Schalotten
1/8 l Weißwein
1/8 l Geflügelbrühe
1 Becher Crème fraîche
2 EL Senf
Salz
Pfeffer

## Zubereitung:

**1.** Die Paprikaschoten waschen, oben aufschneiden und das Kerngehäuse entfernen.

**2.** Die Schalotten schälen und fein hacken. Den Estragon abbrausen, trockenschütteln und die Blätter von den Stielen zupfen.

**3.** Das Hackfleisch mit der Hälfte der Schalotten in eine Schüssel geben, vermischen, mit Salz und Pfeffer würzen. Die Paprikaschoten mit der Hackfleischmasse füllen.

**4.** Die Butter in einem Topf schmelzen, die restlichen Schalottenwürfel darin andünsten, die Estragonblätter dazugeben, mit Weißwein und Geflügelbrühe aufgießen.

**5.** Die gefüllten Paprikaschoten in den Topf geben und bei geschlossenem Deckel ca. 30 Minuten bei geringer Hitze schmoren lassen.

**6.** Die Paprikaschoten aus dem Topf nehmen, die Crème fraîche und den Senf einrühren, mit Salz und Pfeffer abschmecken. Die Paprikaschoten mit der Estragonsoße servieren.

---

*Paprikaschoten werden überall in Europa frisch angeboten, aber am liebsten mag ich den milden Spitzpaprika. Zu diesem Gericht wurden wir im Burgenland auf einem Campingplatz von einer österreichischen Familie eingeladen.*

*Dieses raffiniert schmeckende Gericht erfordert keinen großen Aufwand.*

---

# Gefüllte Paprikaschoten in Estragonsoße

# Fleisch

## Zutaten:

200 g Hackfleisch
1 Zwiebel
2 Knoblauchzehen
1 Chilischote
2 EL Öl
1 kleine Dose rote Bohnen
1 kleine Dose Mais
1/2 Bund Frühlingszwiebeln
4 EL Tomatenmark
100 ml Brühe
Salz
Pfeffer

## Zubereitung:

**1.** Die Zwiebel und die Knoblauchzehen putzen und fein hacken. Die Chilischote halbieren, entkernen und in Streifen schneiden.

**2.** Die Frühlingszwiebeln abziehen und in Ringe schneiden. Die Bohnen und den Mais durch ein Sieb schütten und abtropfen lassen.

**3.** Das Öl in einem Topf erhitzen, die Zwiebel, den Knoblauch und die Chilistreifen darin andünsten, das Fleisch dazugeben und anbraten.

**4.** Das Tomatenmark einrühren, mit der Brühe aufgießen, den Mais und die Bohnen darunter rühren und ca. 20 Minuten bei mittlerer Hitze köcheln lassen.

**5.** Kurz vor Ende der Garzeit die Frühlingszwiebeln hinzufügen. Mit Salz und Pfeffer würzen.

---

Chili con carne – das klassische Campinggericht. Es wird immer wieder gerne gegessen, je schärfer, desto besser.

Dieses Gericht ist auf dem Campingplatz oder in einer Wohnmobilgemeinschaft oft der Auftakt zu einem angeregten, feucht-fröhlichen Abend.

---

Chili con carne

# Fleisch

### Zutaten:

4 Birnen
200 g durchwachsener Bauchspeck
250 g Kartoffeln

### Zubereitung:

**1.** Die Kartoffeln waschen und in reichlich Wasser gar kochen. Den Speck in mundgerechte Stücke teilen, die Birnen schälen, das Kerngehäuse entfernen und das Fruchtfleisch in Spalten schneiden.

**2.** Eine Pfanne erhitzen und den Speck darin von allen Seiten knusprig braten, aus der Pfanne nehmen und warm stellen. Die Birnen in dieselbe Pfanne geben und ca. 2 Minuten dünsten.

**3.** Die Kartoffeln abschütten, pellen und in Scheiben schneiden. Mit dem Speck und den gedünsteten Birnen auf Tellern anrichten und servieren.

---

*Wer schon mal auf Reisen in Norddeutschland war, wird dieses Gericht in vielen Gasthäusern auf der Speisekarte gefunden haben. Dieses delikate Essen kann durch verschiedene Birnensorten in seinem Geschmack variiert werden.*

*Hier das Rezept, wie es mir am besten schmeckt. Sie können aber auch den Bauchspeck durch Blutwurst oder geräucherte Mettwürstchen ersetzen.*

---

# Fleisch

## Zutaten:

1 Hähnchen
3 EL Öl
500 g Schalotten
200 ml Rotwein
1 EL Zucker
Salz
Pfeffer

## Zubereitung:

**1.** Die Schalotten abziehen und vierteln.

**2.** Das Hähnchen waschen, trockentupfen, zerteilen und mit Salz und Pfeffer würzen. Das Öl in einer Pfanne erhitzen, die Hähnchenteile von allen Seiten darin ca. 20 Minuten knusprig braten.

**3.** Die Schalotten zu den Hähnchenteilen geben und ebenfalls anbraten. Das Hähnchenfleisch aus der Pfanne nehmen und warm stellen.

**4.** Die Schalotten mit dem Zucker bestreuen, umrühren, mit dem Rotwein aufgießen und so lange köcheln lassen, bis die Flüssigkeit etwa auf die Hälfte reduziert ist.

**5.** Die Hähnchenteile mit den Rotweinschalotten auf Teller geben und servieren.

---

*Ein besonders feines Zwiebelgemüse ist die Schalotte. In Frankreich wird diese Zwiebel sehr gerne verwendet. Die Kombination Geflügel und in Rotwein gedünstete Schalotten schmeckt besonders gut.*

*Wie hat ein französischer König einmal gesagt: „Ich möchte, dass in meinem Land jedermann am Sonntag sein Huhn auf dem Tisch hat."*

---

# Hähnchen in Rotweinschalotten

# Fleisch

## Zutaten:

150 g Mehl
1/4 l Milch
4 Eier
1 Prise Salz
2 Äpfel, 50 g Zucker
oder
150 g Schinken
3 EL Butter

## Zubereitung:

**1.** Das Mehl in eine Schüssel geben, die Eier aufschlagen und mit dem Mehl glatt rühren. Die Milch in die Pfannkuchenmasse einarbeiten, mit Salz würzen. Den Teig ca. 30 Minuten quellen lassen.

**2.** Für die Apfelpfannkuchen die Äpfel waschen und abreiben, das Kerngehäuse entfernen und das Fruchtfleisch in dünne Spalten schneiden. Den Zucker in die Teigmasse einrühren.

**3.** Für die Schinkenpfannkuchen den Schinken in Streifen schneiden.

**4.** Etwas Butter in einer Pfanne schmelzen, einige Apfel- oder Schinkenstücke in der Butter kurz andünsten. Eine Kelle Pfannkuchenteig darüber geben, bei mittlerer Hitze backen, bis der Boden goldbraun ist.

**5.** Den Pfannkuchen wenden und die zweite Seite ebenfalls goldbraun backen. Diesen Vorgang so lange wiederholen, bis der Teig verbraucht ist.

---

*Wenn Sie den Bodensee so ab August besuchen, dann werden Sie die reifen Äpfel in den Obstplantagen rechts und links der Straße sehen. Zu dieser Zeit finden Sie dort viele Stände, die Äpfel zum Verkauf anbieten.*

*Einige Bauern dort besitzen aber auch noch die Hochstamm-Apfelbäume mit ihren alten Sorten. Die Äpfel von diesen Bäumen sind in ihrem Geschmack unübertroffen.*

---

Pfannkuchen mit Äpfeln oder Schinken

# Fleisch

## Zutaten:

2 dünne Putenschnitzel
4 Zucchini
2 Knoblauchzehen
2 Zweige Rosmarin
2 EL Öl, 1 EL Butter
Salz
Pfeffer

## Zubereitung:

**1.** Die Zucchini waschen, die Blüten- und Stielansätze abschneiden. Eine Zucchini längs in dünne Streifen schneiden, die anderen Zucchini in Würfel schneiden.

**2.** Einen Esslöffel Öl in einer Pfanne erhitzen. Die Zucchinistreifen darin von beiden Seiten kurz braten.

**3.** Die Putenschnitzel mit Salz und Pfeffer würzen, mit den gebratenen Zucchinistreifen belegen und zusammenrollen. Eventuell mit einem Zahnstocher verschließen. Das restliche Öl in der Pfanne erhitzen und die Putenröllchen darin von allen Seiten ca. 7 Minuten braten.

**4.** Die Rosmarinzweige waschen und trockenschütteln. Die Butter in einer Pfanne schmelzen. Die Zucchiniwürfel mit den ungeschälten Knoblauchzehen und den Rosmarinzweigen in die Pfanne geben und ca. 5 Minuten dünsten. Mit Salz und Pfeffer abschmecken.

**5.** Die Rosmarinzweige und den Knoblauch herausnehmen, das Zucchinigemüse auf Tellern anrichten und zusammen mit den Putenröllchen servieren.

*Die Zucchini gehört zur Familie der Kürbisgewächse. Sie stammt ursprünglich vom Riesenkürbis ab, so stand dieser auch bei der Namensgebung für die Zucchini Pate. Denn Zucchini ist die Verkleinerungsform des italienischen Wortes für Kürbis – Zucca.*

*Im gesamten Mittelmeerraum sind die jung geernteten Zucchini sehr beliebt und werden überall angeboten.*

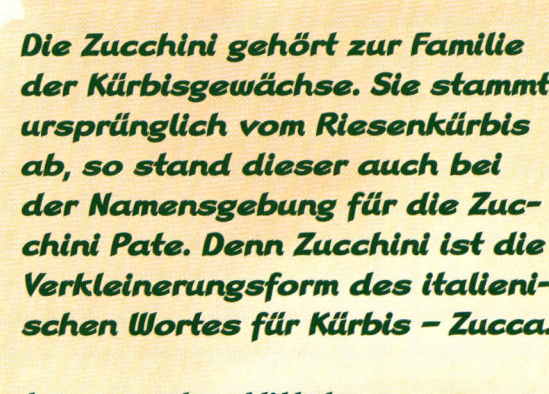

# Schlemmerroulade mit Zucchini

# Fleisch

## Zutaten:

4 Wachteln
5 Tomaten
1 Fenchelknolle
100 g Champignons
1 Bund Salbei
1 Zitrone
2 EL Butter
200 ml Weißwein
Salz
Pfeffer

## Zubereitung:

**1.** Die Tomaten waschen und vierteln, den Fenchel und die Champignons putzen, beides in Streifen schneiden. Den Salbei abbrausen, trockenschütteln und die Blätter von den Stielen zupfen.

**2.** Die Zitrone auspressen. Die Wachteln waschen, eventuell vorhandene Federn entfernen, das Fleisch mit Zitronensaft einreiben, mit Salz und Pfeffer würzen.

**3.** Die Butter in einem Topf schmelzen, die Wachteln darin von allen Seiten anbraten und mit dem Weißwein aufgießen. Bei reduzierter Temperatur ca. 25 Minuten schmoren.

**4.** Das Gemüse zu den Wachteln geben und weitere fünf Minuten köcheln lassen. Mit Salz und Pfeffer abschmecken. Die Wachteln mit dem Gemüse auf Tellern anrichten und servieren.

---

*Wachteln finden Sie in Frankreich überall frisch geschlachtet in den Geschäften oder auf Wochenmärkten.*

*Sie sollten die Gelegenheit nutzen, diese schmackhaften Wildhühner für sich zu entdecken. Sie sind einfach und schnell gegart, schmecken wie in diesem Rezept auf Gemüse in Weißwein gedünstet ganz hervorragend. Sie lassen sich natürlich ebenso auf dem Grill braten, dann müssen Sie nur den Wein reduzieren und das gedünstete Gemüse dazu reichen.*

---

# Wachteln mit Tomaten

# Fleisch

## Zutaten:

2 dünne Schweineschnitzel
100 g Parmaschinken
2 Paprikaschoten
2 EL Olivenöl
400 g Schalotten
4 Knoblauchzehen
50 g Oliven
1/2 Bund Thymian
Salz, Pfeffer

## Zubereitung:

**1.** Die Schalotten abziehen und vierteln. Die Knoblauchzehen schälen und in Scheiben schneiden. Den Thymian abbrausen, trockenschütteln und die Blätter von den Stielen zupfen.

**2.** Die Paprikaschoten waschen, halbieren, entkernen und in größere Würfel schneiden.

**3.** Die Schnitzel mit Salz und Pfeffer würzen, in ca. 4 cm breite Streifen schneiden, mit dem Parmaschinken belegen und zusammen mit den Paprikawürfeln auf Holzspieße stecken.

**4.** Das Öl in einer Pfanne erhitzen, die Fleischspieße darin anbraten. Die Schalotten, den Knoblauch, den Thymian und die Oliven hinzugeben und ca. 10 Minuten braten. Mit Salz und Pfeffer abschmecken.

---

*In den Mittelmeerländern ist es so, dass Fleisch immer sehr dünn geschnitten wird. Dünn geschnittenes Fleisch neigt jedoch dazu, beim Braten zäh und trocken zu werden.*

*Wenn Sie das Fleisch aber mit Speck und Gemüse auf einen Spieß stecken, dann bleibt es saftig und schmackhaft. Das Ganze auf mediterranen Gemüsen serviert ist ein einfaches, aber doch leckeres Gericht.*

---

# Fleisch-Paprikaspieße auf Schalottengemüse

# Fleisch

## Zutaten:

300 g Leber
1 Stange Lauch
1 Ananas
1 EL Mehl
2 EL Öl
100 ml Weißwein
1 EL Zucker
1/2 Bund Petersilie
Salz, Pfeffer

## Zubereitung:

**1.** Den Lauch putzen, in Ringe schneiden und waschen. Die Ananas schälen, halbieren, den Strunk entfernen und das Fruchtfleisch in Stücke teilen.

**2.** Die Leber waschen, trockentupfen, in Würfel schneiden und mit Mehl bestäuben. Die Petersilie abbrausen, trockenschütteln, die Blätter von den Stielen zupfen und fein hacken.

**3.** Das Öl in einer Pfanne erhitzen, die Leber darin ca. 2 Minuten von allen Seiten anbraten, die Lauchringe und die Ananasstücke hinzufügen, umrühren und mit dem Weißwein aufgießen, den Zucker einrühren, ca. weitere 5 Minuten köcheln lassen. Mit Salz und Pfeffer abschmecken und mit der Petersilie bestreuen.

---

*Auf der Überfahrt von Brindisi in Italien nach Igoumenitsa in Griechenland stand das oben beschriebene Rezept in der Cafeteria des Schiffes auf der Speisekarte.*

*In den südlichen Ländern, wo die Massentierhaltung noch nicht so verbreitet ist, können Sie unbesorgt Innereien essen. Die Kombination Leber, Ananas und Lauch finde ich sehr gelungen.*

---

# Ananasragout mit Leber

# Fleisch

## Zutaten:

500 g Kaninchenfleisch
2 EL Öl
200 ml Milch
200 ml Gemüsebrühe
1 Bund gemischte Kräuter
2 Fenchelknollen
2 EL Butter
1 TL Speisestärke
1 Becher Crème fraîche
Zucker
Salz, Pfeffer

## Zubereitung:

**1.** Das Kaninchenfleisch waschen und trockentupfen, mit Salz und Pfeffer würzen. Das Öl in einem Topf erhitzen, das Kaninchenfleisch darin von allen Seiten anbraten, mit der Milch und der Gemüsebrühe aufgießen. Bei geschlossenem Deckel ca. 50 Minuten schmoren.

**2.** Den Fenchel putzen und vierteln. Die Kräuter abbrausen, trockenschütteln, die Blätter von den Stielen zupfen und fein hacken. Die Speisestärke mit der Crème fraîche glatt rühren. Die Butter in einer Pfanne schmelzen und den Fenchel darin ca. 7 Minuten braten.

**3.** Das Kaninchenfleisch aus dem Topf nehmen, die Kräuter und die Crème fraîche in die Soße einrühren, aufkochen lassen, mit Salz, Pfeffer und Zucker abschmecken. Das Kaninchen mit der Soße und dem gebratenen Fenchel servieren.

---

*Bei uns in Deutschland ist es nicht immer einfach, an frische Kaninchen zu kommen. In Italien und Frankreich werden sie auf jeden Fall frisch angeboten. Kaufen Sie sich doch mal ein halbes Kaninchen und bereiten Sie es nach dem obigen Rezept zu. Sie werden sehen, wie zart und fein so ein Kaninchen schmeckt.*

*Zum Grillen ist Kaninchen nicht geeignet, denn das Fleisch wird sehr schnell trocken.*

---

# Kaninchen mit Kräutern und Fenchelgemüse

# Fisch

## Zutaten:

250 g Nudeln
200 g Pilze
250 g gemischte Meeresfrüchte
2 EL Olivenöl
1 Becher süße Sahne
1 TL Speisestärke
1 EL Tomatenmark
1/2 Bund Petersilie
Salz, Pfeffer

## Zubereitung:

**1.** Die Nudeln in reichlich Salzwasser bissfest kochen. Die Pilze putzen und in mundgerechte Stücke schneiden.

**2.** Die Petersilie abbrausen, trockenschütteln, die Blätter von den Stielen zupfen und fein hacken. Die Speisestärke mit der Sahne glatt rühren.

**3.** Das Öl in einem Topf erhitzen, die Meeresfrüchte darin ca. 5 Minuten braten, die Pilze dazugeben, das Tomatenmark einrühren und mit der Sahne aufgießen.

**4.** Nochmals aufkochen lassen, die Nudeln unterrühren, mit Salz und Pfeffer abschmecken und mit der Petersilie bestreuen.

---

*Bei einer Weinprobe auf einem Weingut in der Nähe von Montepulciano wurden zu den verschiedensten Weinen der Region diverse Speisen serviert.*

*Unter anderem gab es auch Nudeln mit Pilzen und Meeresfrüchten. Da mir dieses Gericht sehr schmeckte, habe ich das Rezept aufgeschrieben. Als Pilze lassen sich sowohl Pfifferlinge oder Austernpilze, aber auch Steinpilze oder Champignons verwenden.*

---

# Nudeln mit Pilzen und Meeresfrüchten

# Fisch

## Zutaten:

2 Fische
4 Knoblauchzehen
100 g geräucherter Schinkenspeck
1 Bund gemischte Kräuter
2 EL Öl
1 Zitrone
Salz, Pfeffer

## Zubereitung:

**1.** Die Zitronenschale abreiben und den Saft auspressen. Die Kräuter abbrausen, trockenschütteln, die Blätter von den Stielen zupfen und fein hacken.

**2.** Die Knoblauchzehen schälen und in Scheiben schneiden. Den Schinkenspeck in Streifen schneiden.

**3.** Die ausgenommenen Fische gründlich waschen, trockentupfen, mit dem Zitronensaft beträufeln, mit Salz und Pfeffer würzen. Die Zitronenschale mit den Kräutern, den Knoblauchscheiben und den Schinkenstreifen vermischen und in die Fische füllen.

**4.** Das Öl in einer Pfanne erhitzen und die Fische von beiden Seiten darin braten, je nach Größe ca. 7 bis 15 Minuten. Der Fisch ist gar, wenn sich die Rückenflosse leicht herausziehen lässt.

---

*Egal, ob Sie an einer Fischzucht im Schwarzwald oder in einem Fischerhafen an der Küste sind, kaufen Sie zwei ganze Fische und bereiten Sie diese nach dem obigen Rezept zu.*

*Durch die Füllung bekommen die Fische einen besonders intensiven Geschmack. Fischgerichte sind schnell und einfach zubereitet.*

---

# Ganzer Fisch gefüllt mit Kräutern, Knoblauch und Schinken

# Fisch

## Zutaten:

20 Sardinen
2 EL Öl
2 EL Mehl
2 Stangen Lauch
1 Zitrone
Muskat
Salz, Pfeffer

## Zubereitung:

**1.** Die Sardinen küchenfertig machen, mit Salz und Pfeffer würzen und in Mehl wenden. Das Öl in einer Pfanne erhitzen, die Sardinen darin von beiden Seiten knusprig braten.

**2.** Den Lauch putzen, in Ringe schneiden und gründlich waschen. Den Lauch tropfnass in einen Topf geben und zugedeckt bei mittlerer Hitze ca. 2 Minuten garen.

**3.** Die Zitrone abreiben und die Schale zum Lauch geben, mit Muskat, Salz und Pfeffer abschmecken. Das Lauchgemüse zusammen mit den Sardinen servieren.

---

*An den Küsten Südeuropas werden Sardinen in großen Mengen kostengünstig angeboten. Hier ein Rezept, wie man die kleinen leckeren Fische zubereitet. Durch das Braten in heißem Fett werden die meisten Gräten so knusprig, dass man sie mitessen kann.*

*Denken Sie daran, dass Sardinen fast immer unausgenommen angeboten werden.*

---

# Sardinen auf Lauchgemüse

# Fisch

## Zutaten:

400 g gemischte Fischstücke
1 Becher süße Sahne
100 ml Brühe
1 TL Speisestärke
1 TL Curry
5 Kiwis
1 Chilischote
1 kleines Stück Ingwer
2 EL Essig, Salz, Pfeffer

## Zubereitung:

**1.** Die Kiwis schälen und in Stücke schneiden. Die Chilischote halbieren, entkernen und fein hacken. Den Ingwer schälen und in kleine Würfel schneiden.

**2.** Die Kiwistücke mit dem Chili und dem Ingwer vermischen, mit dem Essig beträufeln, mit Salz und Pfeffer abschmecken und ca. 15 Minuten ziehen lassen.

**3.** Die Speisestärke mit der Brühe glatt rühren und zusammen mit der Sahne aufkochen. Den Curry einrühren, mit Salz und Pfeffer würzen.

**4.** Die Temperatur reduzieren, die Fischstücke in die Soße legen und ca. 5 Minuten ziehen lassen. Das Fischragout zusammen mit den Chili-Kiwis servieren.

---

*Auf den Spuren von Nils Holgersson besuchte ich mit meiner Tochter Carlotta die Kullaberge in Schweden. An einem Imbiss-Stand im Hafen von Ängelhom wurde Fischragout mit Kiwis angeboten. Ich habe das Rezept leicht abgeändert, sodass es etwas schärfer und würziger wird.*

*Sie sollten es unbedingt einmal versuchen.*

---

# Fischragout mit Chili-Kiwis

# Fisch

## Zutaten:

150 g Bandnudeln
50 g rote Linsen
400 g geräucherter Fisch
2 Becher süße Sahne
1/2 Bund gemischte Kräuter
Muskat oder Macis
Salz, Pfeffer

## Zubereitung:

**1.** Die Nudeln in reichlich Salzwasser bissfest kochen. Wenn sie gar sind, durch ein Sieb abschütten und warm halten.

**2.** Die Sahne in einen Topf geben und die roten Linsen darin ca. 5 Minuten köcheln.

**3.** Die Kräuter abbrausen, ausschütteln, die Blätter von den Stielen zupfen und fein hacken. Den geräucherten Fisch von Gräten befreien und in mundgerechte Stücke zupfen.

**4.** Mit den Kräutern zusammen in die Sahnesoße geben und ca. 3 Minuten ziehen lassen. Die Soße mit Salz, Pfeffer und etwas Muskat oder Macis abschmecken.

**5.** Die Nudeln auf Teller verteilen und die Soße darüber geben.

---

*Nach dem Besuch einer Fischräucherei in der Nähe von Lohme auf Rügen hatte ich so viel geräucherten Fisch eingekauft, dass ich ihn unmöglich so essen konnte. Am nächsten Mittag verwendete ich den restlichen geräucherten Fisch für dieses Gericht.*

*Bei diesem Rezept eignen sich alle Arten von geräuchertem Fisch, z. B. Lachs, Forelle, Makrele, Scholle usw.*

---

# Bandnudeln mit Räucherfisch

# Fisch

## Zutaten:

6 mittelgroße Tintenfischtuben
2 Knoblauchzehen
200 g Feta
1 Zweig Rosmarin
6 Blätter Salbei
2 EL Olivenöl
Salz, Pfeffer
Saft einer Zitrone

## Zubereitung:

**1.** Den Knoblauch schälen und in Scheiben schneiden. Vom Rosmarin die Nadeln abzupfen. Den Feta in zwölf Scheiben schneiden.

**2.** Jeweils zwischen zwei Käsescheiben Knoblauch legen, mit dem Rosmarin und den Salbeiblättern genauso verfahren.

**3.** Die Tintenfischtuben waschen, trockentupfen, mit Salz und Pfeffer würzen. Die Tuben mit den vorbereiteten Fetascheiben füllen.

**4.** Das Öl in einer Pfanne erhitzen und die Tintenfischtuben darin von beiden Seiten ca. 4 Minuten braten. Auf Tellern anrichten und mit Zitronensaft beträufelt servieren.

---

*Küchenfertige Tintenfische werden häufig auf den Fischmärkten im Süden angeboten, oft weiß man aber nicht, was man damit machen soll. Hier ein interessantes Rezept. Die gefüllten Tintenfische schmecken auch gut lauwarm auf Salat.*

*Sie können die Tintenfische aber auch nur zusammen mit Knoblauch und Kräutern braten und sie dann mit Brot essen.*

---

# Calamares gefüllt mit Käse

# Vegetarisch

## Zutaten:

300 g Weichkäse
1 Kopf Eisbergsalat
2 Tomaten
1 Knoblauchzehe
1/2 Bund Basilikum
3 EL Olivenöl
Salz
Pfeffer

## Zubereitung:

**1.** Den Käse in 3 cm breite Stücke schneiden. Die Tomaten waschen und in kleine Würfel schneiden. Die Knoblauchzehe schälen, fein hacken, mit den Tomatenstücken vermischen, mit Salz und Pfeffer würzen.

**2.** Die Salatblätter einzeln vom Strunk lösen, waschen, in kochendem Wasser kurz blanchieren und auslegen.

**3.** Den Käse mit je einem Löffel Tomatenstücke und einem Basilikumblatt auf die Salatblätter verteilen und einrollen.

**4.** Das Öl in einer Pfanne erhitzen und die gefüllten Salatblätter von allen Seiten braten.

---

*Im Land des Käses – Frankreich – gibt es so viele Sorten und Geschmacksrichtungen von Käse, dass die Wahl oft schwer fällt.*

*Für das Rezept eignen sich alle Weichkäsesorten. Sie werden feststellen, dass das Gericht unterschiedlich schmecken kann, je nachdem, welchen Käse Sie verwenden: aus Kuh-, Schafs- oder Ziegenmilch, das ist reine Geschmacksache.*

---

# Salatblätter gefüllt mit Käse

# Vegetarisch

## Zutaten:

2 Knoblauchzehen
10 entsteinte, schwarze Oliven
500 g frischer Spinat
1 Bund Frühlingszwiebeln
3 EL weiche Butter
1 EL Olivenöl
1 TL Zitronensaft
2 TL Kapern
1 TL mittelscharfer Senf
Salz
Pfeffer
400 g Spagetti
4 EL geriebener Parmesan
2 EL Pinienkerne

## Zubereitung:

**1.** Den Knoblauch schälen, mit einem breiten Messer zerdrücken und fein hacken. Die Oliven in kleine Stücke schneiden. Den Spinat waschen, bei Bedarf den Strunk entfernen. Die Frühlingszwiebeln putzen und in ca. 1/2 cm breite Ringe schneiden.

**2.** In einer Schüssel Butter, Öl, Knoblauch, Oliven, Zitronensaft, Frühlingszwiebeln, Kapern und Senf gut verrühren. Mit Salz und Pfeffer kräftig abschmecken.

**3.** In reichlich Salzwasser die Nudeln „al dente" kochen.

**4.** In einem Topf den Spinat zugedeckt ca. 2 Minuten blanchieren, bis er zusammenfällt. Durch ein Sieb abschütten und klein hacken.

**5.** Eine große Schüssel vorwärmen und die Oliven-Kräuterbutter hineingeben. Die Nudeln durch ein Sieb abschütten, nicht abschrecken und mit der Butter gut vermischen. Den Spinat unterheben, mit den Pinienkernen bestreuen und mit dem Parmesan servieren.

---

*In meiner Stammpizzeria hier am Bodensee, wo ich oft mit Freunden und Bekannten bin, gibt es sie noch – die Nonna. Die Nonna ist die Oma und führt das eigentliche Regiment im Haus. Als ich ihr erzählte, dass ich mir im nächsten Urlaub die alten Steinhäuser in Apulien anschaue, bin ich wohl zu ihrem Lieblingsgast geworden.*

*Wenn ich etwas ganz genau über Süditalien wissen möchte, weiß sie es bestimmt. So habe ich dann auch dieses Rezept von ihr bekommen. Immer, wenn ich in ihre Pizzeria komme, fragt sie mich: „Spagetti alla Nonna?"*

---

Spagetti „alla nonna"

# Vegetarisch

## Zutaten:

400 g Kartoffeln
2 Zwiebeln, 2 Zweige Thymian
2 Radicchio
2 Knoblauchzehen
1 Chilischote
2 EL Balsamicoessig
2 EL Öl, Salz, Pfeffer

## Zubereitung:

**1.** Die Thymianblätter von den Stielen zupfen, den Knoblauch und die Zwiebeln schälen. Den Knoblauch fein hacken und die Zwiebeln achteln. Die Chilischote halbieren, entkernen und in feine Stücke schneiden. Vom Radicchio die äußeren Blätter entfernen, den Radicchio vierteln.

**2.** Die Kartoffeln schälen und in Spalten schneiden. Das Öl in einer Pfanne erhitzen und die Kartoffeln darin ca. 12 Minuten goldbraun braten.

**3.** Nach ca. 7 Minuten die Zwiebeln dazugeben. Die Thymianblätter darüber streuen und umrühren, mit Salz und Pfeffer würzen. Die Kartoffeln aus der Pfanne nehmen und warm stellen.

**4.** Den Radicchio an den Schnittstellen in derselben Pfanne kurz anbraten, mit dem Balsamicoessig beträufeln und mit den Knoblauch- und den Chilistücken bestreuen, salzen und pfeffern.

**5.** Bei geschlossenem Deckel den Radicchio ca. 2 Minuten schmoren. Den Radicchio mit den Thymiankartoffeln servieren.

---

*Der Radicchio war schon in der Antike als Heil- und Gemüsepflanze bekannt. Er wird heute vorwiegend in Norditalien in der Gegend um Venedig angebaut.*

*Hier gibt es auch die meisten Sorten zu kaufen. Auf den Wochenmärkten dieser Gegend werden auch Radicchiosorten angeboten, die Sie sonst nirgends bekommen. Nicht nur roten, sondern auch weißen können Sie für das Rezept verwenden.*

---

# Geschmorter Radicchio mit Thymian-Kartoffeln

# Vegetarisch

## Zutaten:

6 Äpfel
200 g Blauschimmelkäse
200 ml Rotwein

## Zubereitung:

**1.** Die Äpfel waschen, abreiben, am Stielansatz eine dünne Scheibe abschneiden und die Äpfel aushöhlen. Das Kerngehäuse entfernen und das Fruchtfleisch in Würfel schneiden.

**2.** Den Käse in kleine Stücke zerteilen und mit dem Apfelfruchtfleisch vermischen. Die Äpfel mit der Käsemasse füllen.

**3.** Den Rotwein in einen Topf schütten und erhitzen. Die Äpfel in den Rotwein setzen, die Temperatur reduzieren und bei geschlossenem Deckel ca. 12 Minuten dünsten.

**4.** Die gefüllten Äpfel schmecken auch hervorragend, wenn man sie mit gerösteten Mandelsplittern serviert.

---

*Bei einem Besuch des alten Landes, in der Nähe von Hamburg, lernte ich einen Bauern kennen, der viele Apfelbäume besitzt. Während des Gespräches mit ihm bot ich meine Hilfe bei der Apfelernte an. Im Gegenzug erhielt ich eine Einladung zum Essen. Das reichliche Abendessen, das seine Frau uns servierte, hatte als Vorspeise das obige Rezept. Ich fand die gefüllten Äpfel sehr lecker.*

*Eine gelungene Kombination: Äpfel, Käse, Rotwein. Ein paar Äpfel mehr zubereitet, mit Weißbrot serviert, und schon haben Sie eine Hauptspeise auf dem Tisch.*

# Gefüllte Äpfel

# Süßspeisen

## Zutaten:

120 g Rundkornreis
60 g Rosinen
300 ml Milch
4 Eier
60 g Zucker
1 Prise Salz
2 EL Butter
200 g frische Früchte

## Zubereitung:

**1.** Die Rosinen in Wasser einweichen. Die Milch aufkochen, den Reis einrühren und ca. 5 Minuten unter Rühren kochen. Vom Herd nehmen und den Reis quellen lassen.

**2.** Die Eier trennen, das Eiweiß mit dem Salz zu steifem Eischnee schlagen. Die Eigelbe mit dem Zucker schaumig rühren und mit den Rosinen unter den Reis ziehen. Den Eischnee vorsichtig unterheben.

**3.** Einen Esslöffel Butter in einer Pfanne schmelzen und die Hälfte der Reismasse in die Pfanne geben. Von beiden Seiten bei geringer Hitze goldbraun backen, anschließend zerrupfen. Mit der zweiten Portion genauso verfahren. Mit frischen Früchten servieren.

---

*Geht es Ihnen auch manchmal so, dass Sie einen richtigen Heißhunger auf etwas Süßes haben? Wenn das so ist, habe ich hier das richtige Rezept für Sie.*

*Zu dem Reisschmarren nehmen Sie frische Früchte, die Ihnen am besten schmecken oder die Sie vielleicht selbst gesammelt haben. Das können Erdbeeren, Blaubeeren, Äpfel, Birnen usw. sein.*

---

# Reisschmarren mit frischen Früchten

# Süßspeisen

## Zutaten:

600 g frische Früchte
200 g Jogurt
4 EL Lavendelhonig
4 EL Grand Marnier

## Zubereitung:

**1.** Den Jogurt mit dem Lavendelhonig und dem Likör verrühren. Die Früchte waschen, gegebenenfalls entstielen oder entkernen und in mundgerechte Stücke zerteilen.

**2.** Die Salatsoße mit den Früchten vermengen. Es lohnt sich, diesen Fruchtsalat auch einmal mit Nüssen, Minze oder geraspelter Schokolade auszuprobieren.

*Wenn Sie auf Reisen sind, sollten Sie sich die regionalen Spezialitäten auf keinen Fall entgehen lassen. Das Rezept für diesen Fruchtsalat ist bestens geeignet, um regionale Besonderheiten kennen zu lernen.*

*In den einzelnen Ländern bekommt man ganz spezielle Jogurtsorten, z. B. vom Schaf, von der Ziege usw. Es gibt auch ganz unterschiedliche Honigsorten, die alle ihren besonderen Geschmack haben.*

*Das Gleiche gilt für die Früchte, die Sie für diesen Salat verwenden, beispielsweise können das Weintrauben, exotische Früchte, Äpfel, Birnen usw. sein. Jedes Mal wird dieser Salat anders schmecken.*

# Register

| | |
|---|---|
| **A**nanasragout mit Leber | 56 |
| **B**andnudeln mit Räucherfisch | 68 |
| Bouillabaisse (Französische Fischsuppe) | 12 |
| Bunter Nudelsalat | 16 |
| **C**alamares gefüllt mit Käse | 70 |
| Chili con carne | 42 |
| **F**ischragout mit Chili-Kiwis | 66 |
| Fleisch-Paprikaspieße auf Schalottengemüse | 54 |
| Fleischbällchen in Tomatensoße | 28 |
| Fleischspieße auf Pilzen | 24 |
| Fruchtsalat mit Jogurt | 82 |
| **G**anzer Fisch gefüllt mit Kräutern, Knoblauch und Schinken | 62 |
| Gefüllte Äpfel | 78 |
| Gefüllte Paprikaschoten in Estragonsoße | 40 |
| Geschmorter Radicchio mit Thymian-Kartoffeln | 76 |
| Griechischer Salat mit Knoblauchbrot | 20 |
| Gulasch à la Provençe | 36 |
| **H**ähnchen in Rotweinschalotten | 46 |
| Hähnchenschnitzel auf Tomatengemüse | 26 |
| **I**talienische Gemüsesuppe | 14 |
| **K**aninchen mit Kräutern und Gemüse | 58 |
| **L**ammkoteletts mit Zaziki | 32 |
| **M**arinierte Fleischstücke | 34 |
| **N**udeln mit Pilzen und Meeresfrüchten | 60 |
| **P**fannkuchen mit Äpfeln oder Schinken | 48 |
| **R**eisschmarren mit frischen Früchten | 80 |
| **S**alatblätter gefüllt mit Käse | 72 |
| Sardinen auf Lauchgemüse | 64 |
| Schlemmerroulade mit Zucchini | 50 |
| Schweinefleisch mit Serranoschinken | 30 |
| Schweinegeschnetzeltes auf Paprikagemüse | 22 |
| Spagetti „alla nonna" | 74 |
| Speckbirnen mit Kartoffeln | 44 |
| **W**achteln mit Tomaten | 52 |
| Warmer Kartoffelsalat | 18 |
| Weißbohnen mit Fleisch | 38 |

Impressum

© 2003 SAMMÜLLER KREATIV GmbH

Genehmigte Lizenzausgabe
EDITION XXL GmbH
Reichelsheim 2003

Fotos: Food in Wort und Bild, Sigmarszell
Küche: Corinna Brunner
Layout: Mathias Weil
Satz: Bärbel Bach
Illustrationen: Olga Malkovskaja

ISBN 3-89736-128-0

Der Inhalt dieses Buches ist von Autor und Verlag sorgfältig erwogen und geprüft.
Eine Haftung für Personen-, Sach- und/oder Vermögensschäden kann nicht übernommen werden.